MW00962980

E.D. BLODGETT

PHRASES

LES ÉDITIONS DU NOROÎT
BUSCHEKBOOKS

Le Noroît souffle où il veut, en partie grâce aux subventions du Conseil des Arts du Canada et de la Société de développement des entreprises culturelles du Québec. Les Éditions du Noroît bénéficient également de l'appui du Programme de crédit d'impôt pour l'édition de livres du gouvernement du Québec (Gestion Sodec).

Couverture : Normand Poiré
Mise en pages : Antonio D'Alfonso

Dépôt légal : 4e trimestre 2012

Catalogage avant publication de Bibliothèque et Archives nationales du Québec
et Bibliothèque et Archives Canada
Blodgett, E. D. (Edward Dickinson), 1935-
Phrases
(Collection Latitude)
Poèmes.
ISBN 978-2-89018-750-4
I. Titre. II. Collection: Collection Latitude.
PS8553.L56P47 2012 C841'.54 C2012-941388-7
PS9553.L56P47 2012

Distribution au Canada Distribution en Europe

Dimedia
539, boulevard Lebeau
Saint-Laurent (Québec) H4N 1S2
Téléphone : 514 336-3941
Télécopieur : 01 43 54 39 15

Librairie du Québec (DNM)
30, rue Gay-Lussac
75005 Paris
Téléphone : 01 43 54 49 02
liquebec@noos.fr

Éditions du Noroît
4609, rue D'Iberville, bureau 202
Montréal (Québec) H2H 2L9
Téléphone : 514-727-0005
lenoroit@lenoroit.com
www.lenoroit.com

BusckekBooks Distribution :
General Distribution Services Ltd.
325 Hunter College Boulevard
Toronto (Ontario) M9W 7C3
Téléphone : 416-213-1919
Fax : 416-213-1917

Remerciements

Je voudrais témoigner ma vive et chaleureuse reconnaissance à mon ami Jacques Brault pour le dessin de la couverture, ainsi qu'à Jacques Brault et à Patricia Godbout pour la patience et le soin avec lesquels ils ont lu et relu ces poèmes, et à Paul Bélanger, éditeur indispensable et perspicace.

Irenae
uxori meae et amicae

Hortus conclusus soror mea, sponsa,
hortus conclusus, fons signatus

comment le nommer
ce petit oiseau
rouge ou presque

et d'où d'où
vient-il
debout dans notre jardin

éphémère
et toujours sur
le point de disparaître

what to call him
this little red
or nearly red bird

and where where
dœs he come from
standing in our garden

ephemeral
and always on
the point of disappearing

qu'est-ce qu'il chante
dans son espagnol

lent et songeur
de quels arbres

sous leurs pluies
de quelles grèves

lointaines
et mystérieuses

what's he singing of
in his spanish

slow and pensive
of what trees

under their rains
of what shores

far away
and full of mystery

quelle douceur
ce parfum de roses
qui s'élève jusqu'au balcon

qui flotte dans la nuit
interminable
mais d'où s'élèvent ces roses

what sweetness
the smell of roses
which rises to the balcony

which floats through the night
unending
but where do these roses arise

tu l'entends
peut-être

le souffle crépusculaire
du cheval solitaire

et presque invisible
sous le pommier

sans autre bruit
qu'une feuille qui tombe

l'haleine
des premières étoiles

you hear it too
perhaps

the evening snuffling
of the horse all alone

and nearly invisible
beneath the apple-tree

with no other sound
except a leaf falling

breath
of the first stars

pourquoi cette musique
assourdie par l'herbe

et ces danseuses
sautillantes

tels de jeunes oiseaux
pourquoi partent-elles

si l'aube
leur trace une rosée

un air silencieux
un chant

why this music
muffled on the grass

and these dancers
leaping

like young birds
why departing

at dawn
their wake a dew

a silent air
singing

de ces vieilles grenouilles
que tu aimes

la lueur trouble
de leurs yeux énormes

d'où s'élève le panache
enfumé de leurs rêves

où les lunes perdues se retrouvent
par les nuits d'automne

of these old frogs
how you love

the blurred light
of their enormous eyes

where the smudged plume
of their dreams rises up

where lost moons meet again
through autumn nights

donne donne-moi la main
ce jardin seul
nous attend

et un oiseau
et ces mots
qui sont le murmure de la nuit

telles les abeilles
frôlent chaque fleur
avant qu'elle s'endorme

give give me your hand
this garden alone
waits for us

and one bird
and these words
which are the night murmuring

like bees
that brush against each flower
before it falls asleep

vers la fin de l'automne
les après-midi paraissent
ralentir

et tout se profile
à l'horizon
qui n'est pas plus loin

que ta main
où tout file
et disparaît

dans leur sillage
des ombres demeurent
dans ta main ouverte

ombres dansantes
en attendant l'arrivée
du soir qui tarde

toward the end of autumn
it seems as if the afternoons
slow down

and everything stands out
upon horizons
which is no farther away

than the distance of your hand
where everything slips away
and disappears

in their wake
shades remain
in your open hand

dancing shades
waiting for the coming of
evening in its delays

pourquoi cet écho
des vagues qui retombent
au loin

ce clapotis de rêves
interrompus
qui murmurent

dans leur espagnol oublié
vagues qui jamais
ne s'éveillent mais

roulent
plus profondément
éparpillant sur les rivages

des fragments de syllabes
inconnues
rumeurs vagues de rêves

why this echo
waves falling
far away

this lapping of dreams
interrupted
and murmuring

in their forgotten spanish
waves which never
wake up yet

roll
more deeply
scattering across the shores

fragments of syllables
unknown
vague rumbles of dreams

certaines statues
dans de vieux jardins

possèdent une musique
qui évoque

les obsèques des rois
qui tiennent entre leurs mains

les trésors de leur vie
ensoleillée

descendus avec eux
en sourdine dans leurs cryptes

some statues
in old gardens

possess a music
which recalls

the funerals of kings
who carry in their hands

all their life's treasure
full of sun

going down with them
hardly heard into their crypts

auprès de ces belles fontaines
tout le monde se tait

et dans leur regard
il n'y a pas de pourquoi

surtout les fontaines
entrevues à travers des grilles

là où seule une poignée d'oiseaux
picorent le sol

oiseaux déjà dans le silence
de l'infini

beside these lovely fountains
everyone grows silent

and in their eyes
there is no why

especially fountains
glimpsed beyond iron gates

where just a handful of birds
peck the ground

birds that have already
entered the silence of the infinite

le possible
de tout jardin

est l'ombre
de cet étang

son haleine
l'haleine des étoiles

qui effleurent
sa surface invisible

chacune un lotus
ouvert au ciel

the possible
of all gardens

is the shade
of this pond

its breath
the breath of stars

which invisible
barely blows upon its surface

each a lotus
opening in heaven

se rappelle-t-on
ces cailloux qui s'attardent

sur leurs éternités
au bout de tout jardin

nus sous la pluie
qui de loin tombe sur eux

même les oiseaux
ne peuvent les voir

cailloux infimes
qui protègent

toutes les absences
du monde

who remembers
those pebbles that linger

over their eternities
at every garden's end

naked in the rain
that falls on them from far away

even birds
fail to see them

the least of pebbles
that protect

all the absences
of the world

quel rêve immortel
que celui qui rêva
du premier jardin

où tout
rose herbe et feuille
apparut

soudainement
dans ce sommeil
tranquille et incessant

le soleil suivit
toujours à l'horizon
de son rêve satisfait

la lune et les étoiles
la pluie dans sa gravité
tout respirant

l'haleine
sans fin du dormeur
jamais réveillé

what an immortal dream
was his who dreamt
the first garden

where everything
rose grass and leaf
came into view

all at once
in that calm
and endless sleep

the sun came after
always on the dream's
edge content

the moon and stars
the rain in its gravity
all breathing

the sleeper's
endless never
waking breath

les pierres arrondies
de ce vieux pont
se chauffent au soleil

sans entendre
le bruit du ruisseau
qui coule dessous

en sourdine vers la mer
clapotant de temps à autre
contre ses pieds

où ses adieux le caressent
partage passager
d'un soleil qui s'en va

the worn stones
of this old bridge
grow warm in the sun

it dœs not hear
the sound of the stream
that flows beneath

mutely toward the sun
lapping now and then
against its feet

caressing it with its farewells
occasional sharing of
the parting sun

tous les chemins
qui s'étendent sous les arbres
ne vont nulle part

et la nuit
la lumière de la lune
telle une pluie timide

tombe à travers l'absence
parmi les feuilles
une pluie

qui n'arrive jamais
mais quelque part s'arrête
dans l'air nocturne

au-dessus des chemins
qui rêvent de la lune
où tous les voyages s'achèvent

all the roads
which lie beneath the trees
go nowhere

and at night
the light of the moon
like a shy rain

falling through absence
among the leaves
a rain

which never arrives
but stops somewhere
in the nocturnal air

above the roads
dreaming of the moon
where all travelling ends

comme des lucioles
toujours à l'improviste

qui arrivent avec la lenteur
du crépuscule

ces voix lointaines
dans les jardins vieillissants

voix transparentes
où peu à peu tu perçois

ta voix d'enfance
qui perce les feuilles

toi lumière
éteinte par l'aube

so like fireflies
always unannounced

arriving with the slow
pace of twilight

these distant voices
in gardens growing old

transparent voices
where bit by bit you sense

your voice of childhood
breaking through the leaves

you a light
that dawn puts out

dans les vieux contes
on dit que chaque bouleau

dissimule une jeune fille
métamorphosée peut-être

qui se trouve partout
dans de petits bosquets

où voltigent
les oiseaux dans leurs feuilles

dans les vieux contes
on dit que toute jeune fille

dissimule un bouleau
métamorphosé peut-être

où dans les petits bosquets
les oiseaux deviennent leurs souvenirs

combien d'arbres
par des après-midi ombragés

se dressent contre l'horizon
rien ne paraît les toucher

in old tales they say
that every birch

conceals a girl
transformed perhaps

appearing everywhere
in little groves

where birds in their leaves
flutter about

in old tales they say
that every girl

conceals a birch
transformed perhaps

where in the little groves
birds become their memories

how many trees
on shaded afternoons

stand against horizons
nothing seems to touch them

ni le vent ni la pluie
on dirait des arbres

qui sont les rêves lents
de dormeurs morts

mais quels signes
de l'immortel

les feuilles qui tombent
à leurs pieds

disparaissant
parmi des ombres pensives

chemin faisant
où toute verdure commence

neither wind nor rain
as if they were trees

that are the slow dreams
of dead sleepers

but what signs
of the immortal

the leaves falling
at their feet

to disappear
among the pensive shades

making their way
to where all green begins

de vieux peupliers
bordent

ce ruisseau sinueux
qui coule dans toute âme

le soleil se faufile entre leurs feuilles
et tachette les eaux

où flotte
parmi les taches d'ombres

le souvenir radieux
de tes visages d'enfance

dans une lumière qui éclate
sous le vent passager

quelle explosion d'étoiles
dans les tours de mémoire

comment distinguer
les étoiles et le fantôme des feuilles

de ces visages qui tournent
à la dérive

old poplars
line the banks

of this meandering stream
which flows in every soul

the sun slips past their leaves
and dapples the waters

where among the shady patches
there floats

the radiant memory
of your faces as a child

in a light that explodes
under the passing wind

what an explosion of stars
in the turns of memory

how to distinguish
the stars and the ghost of leaves

from those turning faces
drifting apart

les chansons
de ces oiseaux de rien

remplissent le jardin
et les cailloux

à l'écoute
dans leur aveuglement

pensent que ces chansons
tombent du ciel

ainsi que les étoiles
par les nuits d'été

et comme invisibles
dans leur lumière elles dansent

the songs
of these least of birds

fill the garden
and the pebbles

wholly rapt
in their blindness

think that these songs
fall from the sky

just as stars
on summer nights

and how unseen
in their light they dance

dans les chambres de la mémoire
quel écho perpétue
le bruit que font les coquillages

dans le roulement du ressac
coquillages couchés
tranquilles dans les bras

folâtres de la mer
coquillages portés
à travers la terre

leur musique écoutée
depuis toujours
de la mer qui tombe

sans trêve sur la grève
le seul don offert
d'oreille à oreille

in the chambers of memory
what echo carries on
the sound the shells make

in the rolling surf
shells that lie
at peace in playful arms

of the seas
shells that are brought
across the earth

their music heard
since time began
of the sea falling

forever on the shore
the one gift they offer
from ear to ear

à l'aube
des jardins

une seule pensée
dans sa solitude

soudain vaincue
par la verdure

une pensée donc
qui se laisse voir

verte tel
un brin d'herbe

une pensée debout
où lentement

au point du jour
tes pieds nus

dans la lumière
disparaissent verts

when dawn
for all gardens appears

one thought alone
in its solitude

suddenly overcome
by greenness

a thought then
which lets all green

be seen
so a blade of grass

a thought upright
where slowly

at the break of day
your naked feet

disappear
green in the light

chaque soir
quand arrivent les étoiles

le murmure invisible
d'oiseaux passagers

les caresses enjouées
de l'abeille

rien n'échappe
aux soins silencieux des fleurs

qui bercent dans le giron
de toute couleur

mère et mémoire
de l'éphémère

the moment every evening
when stars arrive

the invisible murmur
of passing birds

the playful caress
of every bee

nothing escapes
the silent care of flowers

that cradle in the lap
of all colour

mother and memory
of all ephemerality

dans l'été finissant
s'étale la langueur de l'après-midi
trop lourde à porter

l'un après l'autre
les dieux qui hantent
ces lieux s'en vont

seul le dieu
du silence reste
sourd à leurs appels

lentement il se manifeste
brillant au soleil où dansent
les libellules d'une majesté

qui surprend toujours
leurs ailes transparentes
emportent la lumière

as summer draws to a close
the languor of the afternoon
spreads out too heavy to bear

one after another
all the haunting gods
leave wherever they are

only the god
of silence stays
deaf to their appeals

slowly revealing himself
shining in the sun where
dragonflies in majesty

that comes always by surprise
dance with transparent wings
carrying the light away

impossible
de voir la lune
sans la connaître déjà

tout ce qu'elle
révèle se révèle
d'abord dans le cœur

et les ombres
qui s'ouvrent auprès
de sa lumière

reflet
de la lune fêlée
sur la mer

cœur
reflété
sur un ciel étoilé

impossible
to see the moon
without knowing it before

all that it
reveals is revealed
already in the heart

and the shades
which open beside
its light

reflection of
the moon cracking apart
upon the sea

heart
reflecting on
a sky glazed with stars

le possible
ne s'éveille jamais
de tout jardin

qu'avant le retour
outre-tombe d'un oiseau
au verbe chantant

qui perce la brume
de l'hiver déclinant
où l'écho du soleil

se réverbère parmi
les fleurs qui sautent
sur leurs tombeaux

of every garden
the possible
dœs not wake up before

returning from the dead
a solitary bird
whose singing word

parts the fog
of winter departing
where the echo of the sun

reverberates among
flowers leaping up
from songs that marked their passing

pourquoi ce lierre
qui s'accroche au mur
d'un vieux jardin

s'ouvre-t-il
sur quelques pierres
telle une petite

pluie incertaine
cherchant l'herbe
sans y arriver jamais

verdure transparentė
d'un jeune dieu égaré
aveugle

why dœs this ivy
clinging to the wall
of an old garden

open over
a few stones
like a small

uncertain rain
looking for the grass
never to arrive

green transparent
of a young god
blindly going astray

quelques notes
d'une musique inconnue
tombent de la pluie

d'un ciel
sans oiseaux
et sans nuages

toute chose est
un chien à l'horizon aboie
tes yeux traqués par le silence

tout se compose
même l'invisible
de l'écoute

from an unknown music
a few notes
fall from rain

from a sky
without birds
and without clouds

everything is born
a dog barking on the horizon
your eyes pursued by silence

everything is composed
even the invisible
from hearing

certaines fleurs
s'ouvrent comme de jeunes bibles

où les histoires
jamais entendues

sautent dans une allégresse pure
sous de nouveaux soleils

quel jardin
en apocalypse sans fin

où l'invisible
insouciant arrive

avec une majesté palpable
et couronnée d'abeilles

le nom des choses
diasporas de parfums

some flowers
open like young bibles

where all the stories
never heard before

leap with untried glee
under new suns

what a garden
in endless apocalpse

where careless
the unseen arrives

in majesty that can be touched
and crowned with bees

the names of things
diasporas of perfumes

tout jardin
même le plus infime

se réveille dans
l'esprit des dieux

leur matin
un clin d'œil bleu

la couleur des fleurs
une humeur immortelle

et le chant des oiseaux
qui ne disent que *chante chante*

se compose de syllabes
tombées de bouches immortelles

sur le silence des cailloux
où dort l'haleine des dieux

every garden
even the least

awakens in
the mind of the gods

their morning
a blue twinkling of an eye

the colour of the flowers
an immortal mood

and the song of the birds
who say but *sing sing*

is made of syllables
falling from deathless mouths

upon the silence of stones
where the breath of gods sleeps

les cailloux
ne pleurent jamais

et quand arrive la brunante
ils s'endorment toujours muets

contents sans musique
de disparaître dans la nuit

où leur esprit
d'une plénitude sans bornes

s'ouvre
dans le silence entier de Dieu

le souffle qui les soutient
dans leurs éternités

pebbles
never weep

and when twilight falls
they fall asleep silent still

happy without music
to disappear into the night

where their spirit
full to overflowing

opens
in the whole silence of God

the breath that keeps them
in their eternities

tous les mots
qui disent *silence*
tombent avec la pluie

silence
où jouent
les échos enveloppants

de la pluie
à travers
les feuilles

ensuite silence
lorsqu'elle séjourne
dans l'herbe

silence des yeux
qui se regardent
remplis de pluie

all the words
that say *silence*
fall with the rain

silence
where enfolded
echœs play

of the rain
across
the leaves

then silence
when it lingers
in the grass

silence of eyes
gazing at each other
filled with rain

comme ils ressemblent aux signes
d'un alphabet inconnu
ces petits oiseaux

ils sautent
avec tant de grâce
dans la neige qui tombe

lentement toute la journée
et chaque phrase
qu'ils tracent dans la neige

ressemble
au simulacre d'un livre
venu des rêves

de danseurs aveugles
perdus dans la blancheur
invisible

how much they are like signs
in an unknown alphabet
these little birds

who leap
with such grace
in the snow that falls

slowly through the day
and each phrase
they trace in the snow

resembles
something like a book
fallen from the dreams

of blind dancers
lost in all the white
invisible

certaines églises
ne sont visibles
qu'aux crépuscules déchirés

lorsqu'ils effleurent
leurs murs
de leurs couleurs grises

murs qui ne connaissent
que le vent incessant
et le froid et l'hiver

les ombres grêles
de quelques peupliers solitaires
dansent contre les murs

danse de pantins
déjà dépouillés
de tout haillon

some churches
can only be seen
in tattered twilights

as they graze
along their walls
in shades of grey

walls that know
only the constant wind
of winter and cold

the exiguous shades
of poplars one by one
dance against the walls

dance of paper-dolls
already stripped
of every rag

à peine visible
au point du jour
un jardin flotte

parfois au-dessus
d'un reste de brume
toujours endormie

un seul colibri
immobile
boit l'haleine

des fleurs s'ouvrant sur
une petite mer blanche
qui glace le temps

barely in sight
as dawn breaks
a garden floating

at random on
the ends of fog
still asleep

just a hummingbird
motionless
that drinks the breath

of flowers that open on
a little white sea
congealing time

une pomme
se présente à l'esprit

une pomme
qui s'approche lentement

comme une jeune lune
indécise

toute la mer
en dessous

une pomme qui se berce
dans l'esprit

où la lumière
paraît une prière à venir

an apple
rises in the mind

an apple
approaching slowly

like a young moon
unsure

the whole sea
below

an apple rocking
in the mind

where all light appears
a prayer still arriving

à la brunante sous les arbres
les ombres passent

parfois elles s'assoient
sur les bancs

à côté des allées de gravier
petits bancs qui attendent

tout ce qui arrive
petits bancs qui regardent

tout ce qui part
leurs seuls compagnons

le soleil qui se couche
une étoile parmi les feuilles

leur silence est
celui des cailloux

at dusk beneath the trees
shades pass by

sometimes they sit
on the benches

beside the gravel paths
little benches that await

everything arriving
little benches that watch

everything leaving
their sole companions

the setting sun
a star among the leaves

theirs is but
the silence of stones

au-dessus de l'escalier
qui descend vers le jardin
une branche est suspendue

où se forment
les gouttes de pluie
qui protègent le souvenir

de la lumière
à travers les nuits
sans lune ni étoile

où se termine la brume
où tout être paraît
se perdre sans retour

above the stairway
descending toward the garden
a hanging branch

where drops
of rain take shape
that protect the memory

of light
through the nights
without moon and stars

where the fog comes to an end
where all being seems
to vanish without trace

tout d'abord un étang
vers la fin de l'après-midi

de l'autre côté
un arbre contre le ciel

sous ses branches une maison
où brillent les horizons

et parfois une musique
qui appelle les oiseaux

s'élève dans l'air
hors du temps

la neige ouvre tout
la distance se fond

impossible de distinguer
les oiseaux d'aucune absence

le silence de l'étang
la musique des choses muettes

first of all a pond
in late afternoon

across from it
a tree against the sky

beneath its branches a house
where horizons gleam

and sometimes a music
that calls out to birds

rises in the air
outside of time

the snow opens all
distance disappears

impossible to distinguish
the birds from any absence

the silence of the pond
the music of all mute things

comme une feuille
qui au crépuscule

demande le seul pourquoi
à l'air expirant

ton dernier mot
s'échappe de ta bouche

le silence débordant
d'une nouvelle éternité

just as a leaf
toward twilight

asks the only why
of air exhaling

your last word
escapes your mouth

silence spilling with
a new eternity

privés déjà
des possibles qu'ils connaissent

les cailloux
se donnent à tout

la pluie les possède
les soleils tropicaux

et l'éternité
qui lentement les mordille

la lune seule
les rassemble dans sa lumière

la lune comme eux
nue au vent

leur absolue
pauvreté réfléchie

où elle passe
seule parmi ses étoiles

already stripped
of any possible they knew

pebbles give
themselves to everything

rain possesses them
the tropical suns

and eternity
which slowly nibbles them away

the moon alone
gathers them into its light

the moon like them
naked to every wind

their absolute
poverty reflected in

its passing by
alone among its stars

certains voyages
s'égarent avant
le départ

où la lumière
s'attarde sans réfléchir
dans les vieux jardins

comme si au bout
d'un tel jardin
un arbre seul aboutissait

un arbre rêvant
aux forêts
de littoraux pluvieux

un mot qui à peine
formé dans une bouche
pour se terminer dans une autre

some voyages
go astray before
departing

where the light
lingers without thought
in old gardens

as if at the bottom
of such a garden
one tree alone stopped

a tree dreaming
of forests
of rainy coasts

a word that barely
begins in one mouth
to finish in another

le soleil à l'aube
illumine le ciel

une fleur
se lève de terre

et s'élève
de ton cœur

à la brunante le soleil
se couche en ton cœur

the sun at dawn
lights up the sky

a flower
rises from the earth

and rises
from your heart

at dusk the sun
sets in your heart

des enfants jamais nés
se promènent sous la lune

dont la lumière
traverse la chair

silencieux sous leurs pieds
le gravier des sentiers

children unborn
walk beneath the moon

whose light
passes through their flesh

silent beneath their feet
the gravel of the paths

au printemps le jardin
commence à s'épanouir

se révèlent
les cailloux et l'herbe

ainsi les yeux
devant la lumière

ainsi le cœur
devant la connaissance

ainsi
ainsi

in spring the garden
begins to open

unhidden now
pebbles and the grass

just so the eyes
before the light

just so the heart
before knowing

just so
just so

telle une douce pluie
le clair de lune d'un ciel

de papier tombe invisible
où les austérités blanches

des montagnes se lèvent
la douce pluie du chant

des bouches de jeunes grenouilles
expirant le printemps

so as soft rain
the moonlight from a sky

of paper falls unseen
where the white austerities

of mountains stand
a soft rain of song

from the mouths of young frogs
exhaling spring

de cette éternité
d'où parlaient les dieux

un mot pour chaque chose
tombait comme les étoiles

mortes durant les nuits d'été
seuls les aveugles savent

reconnaître chaque fleur
à ses silences

chacune un écho muet
de cette parole d'où

elles surgissaient soudain
avant le silence des dieux

from that eternity
where the gods spoke from

one word for each thing
fell like the stars

that die on summer nights
only the blind know how

to recognize each flower
distinct in their own silence

each a mute echo
of that word from which

they suddenly sprang forth
before the gods ceased to speak

à travers les étoiles
infailliblement la pluie
se souvient d'elle-même éternelle

les rivages l'attendent toujours
où gisent les arbres mourants
immortels dans les siècles de verdure

arbitrés par une pluie verte
qui rappelle les dieux endormis
dans leurs rêves arborescents

passing through the stars
infallibly the rain
recalls itself eternal

the shores await it forever
where dying trees lie down
deathless in their green centuries

sheltered by a green rain
remembering the sleeping gods
in their arboreal dreams

l'ombre verte des feuilles
flotte sur le souffle muet des cailloux

tel un oiseau s'oublie
son être une musique qui faiblit

the green shade of leaves
floats on the silent breath of stones

like a bird forgetting itself
its being a music fading away

la fleur de ton cœur
dans l'éternité de la chair

jardin où les étoiles
tombent sans bruit

à travers la nuit
pétales d'un été finissant

the flower of your heart
in the eternity of flesh

a garden where the stars
fall without a sound

through the night
petals of a summer's end

ce chemin qui mène au cœur
des fugues anciennes

passe par plusieurs portes
de feuillage lentement éclairé

ou des roses ouvertes
à travers chaque pétale

le cœur fleuri
sans ombre sans adieu

that path that gœs to the heart
of ancient fugues

enters through many doors
of foliage slowly lit up

or of roses that expand
through each petal

the heart flowered
without shade without farewell

jeune saule
au bord d'un étang
comment te regarder pleurer

saule qui effleure
le bleu de l'étang
où de pâles tablettes de la lune

coupée par tes branches ondulent
saule où l'écho des chants berceurs
des oiseaux s'entrelace

livre d'enluminures
naissance blanche de tout être
interfoliée le long de tes bords

young willow
beside a pond
how to look upon you weeping

willow barely touching
the blue of the pond
where pale slabs of the moon

broken by your branches gently rock
willow where the echo of
the lulling songs of birds weave together

illuminated book
white birth of all beings
interleaved along your shores

au commencement
un dieu qui pensa
la musique d'un jeune ruisseau

à la fin
une pensée accompagnée
d'herbe et de silence

in the beginning
a god who thought
the music of a young stream

at the end
a thought acompanied
by grass and silence

de tous les rêves
que rêvent les petits jardins
celui qui revient toujours

est le rêve des mânes des grandes montagnes
dont les sommets neigeux
se lèvent entre les nuages

et toutes les lunes automnales
blancs points de fuite
que l'aube efface

of all the dreams
that small gardens dream
the dream that always returns

is of the ghosts of the great mountains
whose summits heavy with snow
rise up between the clouds

and all the autumnal moons
white vanishing points
the dawn lifts off

seuls les aveugles
depuis leur première enfance
écoutent les chants des arbres

les grands arbres solitaires
les étonnent tout d'abord
qui appellent les autres arbres solitaires

mais rien ne les saisit plus
que l'alternance des saisons
quand incertaine au printemps

la musique plus osée de l'automne
après les danses rustiques d'été
se lève dans les nuits absentes

suivie des échos d'hiver
où le silence chuchote lentement
chacun avec son propre chant

aux bouts de doigts tâtonnants
les chants prennent forme
chacun gambadant à travers nuit

only the blind
from their early infancy
listen to the songs of trees

the tall solitary trees
astonish them first
calling to other solitary trees

but nothing grips them more
than the change of seasons
when uncertain in the spring

the more daring music of fall
after the rustic summer dances
rises up in the absent nights

followed by winter echœs
where silence whispers slowly
each with his own song

at the tips of groping fingers
the songs take shape
each of them prancing through the dark

Table

Phrases
a été composé en caractères Galliard corps 11
et achevé d'imprimer par Marquis imprimeur
le quinzième jour du mois d'octobre 2012.

Direction littéraire
Paul Bélanger
et
Patrick Lafontaine